SOMMAIRE

1 Le texte documentaire

SUJET : Les olympiades de l'Antiquité

FICHE DE RECHERCHE

- **nom des Jeux olympiques dans l'Antiquité :** olympiades

- **1ers jeux, à Olympie en Grèce :** 776 av. J.-C.

- **une épreuve :** course autour du stade dédié au dieu Olympe (190 m)

- **1er champion olympique :** Koroïbos (cuisinier)

- **épreuves ajoutées par la suite :** lancer du disque, lancer du javelot, saut en longueur, lutte, course de chars

- **récompense :** couronne de laurier

- **participants :** hommes (nus)

- **spectateurs :** hommes seulement

- trêve dans les guerres

- **fréquence :** tous les quatre ans

- **dernières olympiades :** 392 après Jésus-Christ

Les olympiades de l'Antiquité

En 776 avant Jésus-Christ, à Olympie, en Grèce, a lieu la première olympiade. Il n'y a alors qu'une seule compétition, une course d'environ 200 mètres autour du stade de la ville dédié au dieu Olympe. Le premier vainqueur est un cuisinier grec du nom de Koroïbos.

Plus tard, d'autres épreuves s'ajoutent : le lancer du disque, le lancer du javelot, le saut en longueur, la lutte et la course de chars. Les gagnants de chaque discipline reçoivent comme récompense une couronne de laurier.

À cette époque, les athlètes participants sont nus et seuls les hommes sont admis sur le site des olympiades.

Durant la période des jeux, les conflits armés sont suspendus et les armes sont interdites sur le site des compétitions.

Les olympiades auront lieu tous les quatre ans jusqu'en 392 après Jésus-Christ, soit pendant presque 1 000 ans.

Vocabulaire

1 À côté de chaque sport, écris le nom de celui qui le pratique.

la bicyclette : _____

la boxe : _____

le canoé : _____

l'équitation : _____

l'escrime : _____

le hockey : _____

le judo : _____

le karaté : _____

le kayak : _____

le golf : _____

la gymnastique _____

la natation : _____

la planche à neige : _____

la planche à voile : _____

le saut à la perche : _____

le ski : _____

le soccer : _____

le tennis : _____

le tennis de table : _____

le tir à l'arc : _____

Reconnaître des phrases

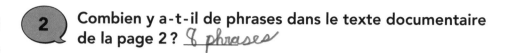

2 Combien y a-t-il de phrases dans le texte documentaire de la page 2 ? *8 phrases*

3 Dans chacune des phrases du texte ci-dessous, surligne en jaune les mots qui indiquent de qui (ou de quoi) l'on parle et surligne en bleu ceux qui indiquent ce que l'on en dit.

> POUR T'AIDER

Une phrase commence par une majuscule et se termine par un point.

Cinq anneaux symbolisent les Jeux olympiques. Ces anneaux entrelacés sont de couleurs différentes sur un fond blanc. Ils représentent l'union de cinq continents. Chaque athlète participant aux jeux doit prêter le serment olympique. Ce serment insiste sur le respect des règles et l'esprit sportif. Il a été prononcé pour la première fois en 1992.

> POUR T'AIDER

Une phrase est une suite de mots qui indique de qui (ou de quoi) l'on parle et ce que l'on en dit.

Exemple :

De quoi l'on parle ?

Les anneaux sont entrelacés. Ils symbolisent l'union des peuples.

Qu'est-ce qu'on en dit ?

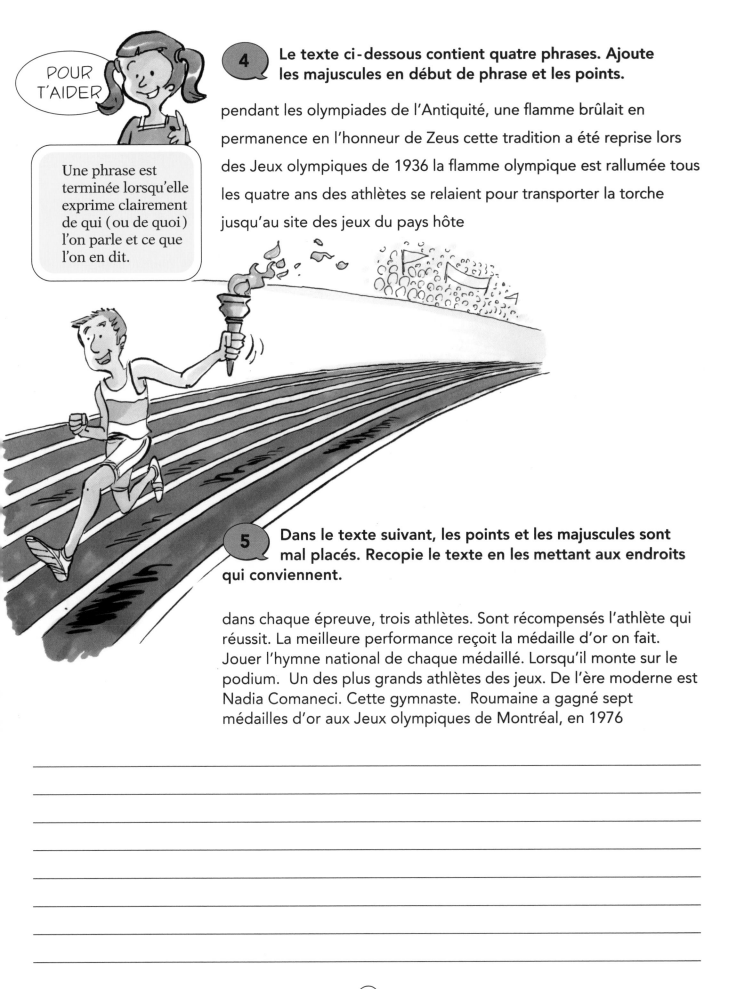

4 Le texte ci-dessous contient quatre phrases. Ajoute les majuscules en début de phrase et les points.

Une phrase est terminée lorsqu'elle exprime clairement de qui (ou de quoi) l'on parle et ce que l'on en dit.

pendant les olympiades de l'Antiquité, une flamme brûlait en permanence en l'honneur de Zeus cette tradition a été reprise lors des Jeux olympiques de 1936 la flamme olympique est rallumée tous les quatre ans des athlètes se relaient pour transporter la torche jusqu'au site des jeux du pays hôte

5 Dans le texte suivant, les points et les majuscules sont mal placés. Recopie le texte en les mettant aux endroits qui conviennent.

dans chaque épreuve, trois athlètes. Sont récompensés l'athlète qui réussit. La meilleure performance reçoit la médaille d'or on fait. Jouer l'hymne national de chaque médaillé. Lorsqu'il monte sur le podium. Un des plus grands athlètes des jeux. De l'ère moderne est Nadia Comaneci. Cette gymnaste. Roumaine a gagné sept médailles d'or aux Jeux olympiques de Montréal, en 1976

_____

_____

_____

_____

_____

_____

_____

_____

Construire des phrases

6 Construis un texte de cinq phrases en utilisant les groupes sujets et les groupes du verbe ci-dessous.

Groupes sujets	Groupe du verbe
La défaite	réagissent très mal.
Certains athlètes	est parfois difficile à accepter.
On	a arrosé d'eau le président de la fédération internationale.
Un boxeur déçu	a déjà vu des perdants piétiner leur médaille d'argent.
Une équipe de hockey sur gazon	a protesté en restant assis plus d'une heure au milieu du ring.

_____

_____

_____

_____

_____

_____

_____

_____

POUR T'AIDER

Dans une phrase de base, ce qui indique de qui ou de quoi l'on parle est le **groupe sujet** et ce que l'on en dit est le **groupe du verbe**.

Dans une phrase de base, on écrit d'abord le **groupe sujet,** puis le **groupe du verbe.**

Exemple : La victoire appartient aux lève-tôt.

groupe sujet   groupe du verbe

Remue-méninges

Retrouve le nom des athlètes en remplaçant chaque lettre
par celle qui la précède dans l'ordre alphabétique.

_____ C'est le premier champion olympique de l'histoire.
Lpspjcpt   Il remporte la course du stade d'Olympie,
                                 en 776 av. J.-C.

_____ Il s'arrête pour laisser passer une cane et
Ifosz Qfbsdf   ses canetons lors d'une compétition d'aviron
                                 (en 1928, à Amsterdam).

_____ Il court pieds nus le marathon (en 1960, à Rome).
Bcfcf Cjljmb

_____ Elle a remporté la première note parfaite
Obejb Dpnbofdj   en gymnastique féminine (en 1976, à Montréal).

_____ Il détient le record du monde du 100 m.
Epopwbo Cbjmfz

_____ À 11 ans, il a été le plus jeune participant à
Dbsmpt Gspou   des Jeux olympiques (en 1992, à Barcelone).

_____ Il a été disqualifié de l'épreuve de voile pour
Ibol Mbnnfot   avoir oublié son gilet de sauvetage (en 1992,
                                 à Barcelone).

Écrire un texte documentaire

 7 Parmi les textes suivants, un seul est un texte documentaire. Entoure-le.

 A

Un but signé Zidane

La tension est palpable dans le stade. Il reste dix secondes à jouer. Le pointage est toujours zéro à zéro. Soudain, Zinedine Zidane, le capitaine de l'équipe, s'échappe et se retrouve seul devant le gardien de l'Espagne. Il feinte à gauche, le gardien bouge un peu à sa droite et Zidane n'a qu'à pousser le ballon dans un filet grand ouvert. Le sifflet de l'arbitre se fait entendre : le but est accordé ! Aussitôt, la foule dans les gradins se déchaîne et se met à crier, à pleurer et à chanter !

 B

Deux questions à Zidane

— Pourriez-vous nous décrire votre but ?

— Je ne me souviens de rien. Tout s'est fait par instinct. Quand j'ai eu le ballon, j'ai regardé le défenseur dans les yeux et j'ai su, dès ce moment-là, que je marquerai. C'est tout.

— Vous êtes le héros du match. Êtes-vous content ?

— Bien sûr que je suis content, même si je considère que j'ai joué un très mauvais match dans l'ensemble.

 C

Zinedine Zidane

Zinedine Zidane est une grande vedette du soccer. Pour certains connaisseurs, il a été le meilleur joueur au monde. Né dans le sud de la France, à Marseille, le 23 juin 1972, Zidane est d'origine algérienne. Il a fait partie de l'équipe nationale de France dont il a été le capitaine. Il a joué pour le Real de Madrid. Sa position était milieu de terrain. Il portait le numéro 10 pour l'équipe de France et le numéro 5 pour le Real de Madrid. Zinedine Zidane est marié, il a quatre enfants.

POUR T'AIDER

Un texte documentaire est un texte rédigé à partir d'une recherche. Il donne des informations sur un sujet précis.

Le sujet d'un texte documentaire peut être un animal, une plante, un événement historique, une personnalité, etc.

8 Complète la fiche de recherche ci-dessous à partir du texte que tu as entouré à la page précédente.

SUJET : _____

FICHE DE RECHERCHE

- **Sport :** _____
- **Date de naissance :** _____
- **Lieu de naissance :** _____
- **Équipes :** _____
- **Position :** _____
- **Numéros de chandail :** _____
- **Situation familiale :** _____

9 Numérote les phrases dans l'ordre logique où elles devraient se lire pour que le texte soit compréhensible.

Le soccer

☐ Leur objectif est de faire entrer le ballon dans le but adverse.

☐ Le soccer est le sport le plus pratiqué au monde.

☐ Ce dernier peut être intercepté par toutes les parties du corps, excepté les bras et les mains.

☐ Au cours d'un match, les joueurs courent presque sans arrêt.

☐ Les joueurs utilisent leurs pieds pour contrôler le ballon.

☐ L'endurance est donc la première qualité d'un joueur de soccer.

☐ Deux équipes de 11 joueurs s'affrontent.

10 À partir de la fiche de recherche ci-dessous, écris un texte documentaire d'environ 100 mots.

SUJET : Les Jeux olympiques modernes

FICHE DE RECHERCHE

- **Année des 1ers jeux :** 1896

- **Lieu :** Athènes, Grèce

- **Fondateur :** le Français Pierre de Coubertin

- **Nombre de pays participants :** 14 en 1896, aujourd'hui, plus de 200

- **Nombre d'épreuves :** 9 en 1896 (athlétisme, cyclisme, escrime, gymnastique, haltérophilie, lutte, natation, tennis, tir) ; aujourd'hui, environ 30

- **Récompense :** en 1896, une médaille d'argent et une branche d'olivier ; aujourd'hui, des médailles d'or, d'argent, de bronze

- **Fréquence :** tous les quatre ans

- **Devise :** *Citius, altius, fortius* (plus vite, plus haut, plus fort)

- **Symbole :** cinq anneaux entremêlés = cinq continents (Afrique, Asie, Océanie, Europe, Amérique)

11 Écris un texte documentaire d'environ 100 mots sur un athlète de ton choix. Fais d'abord la recherche pour remplir la fiche, puis écris le texte.

SUJET : _____

FICHE DE RECHERCHE

Sport : _____

Date de naissance : _____

Lieu de naissance : _____

_____ : _____

_____ : _____

_____ : _____

_____ : _____

_____ : _____

_____ : _____

_____ : _____

_____

_____

_____

_____

_____

_____

_____

_____

_____

2 La description

Nimus invite ses hôtes dans la petite maison. Bruno n'en revient pas !
Autour d'un foyer de pierres dans lequel une flamme réchauffe
une pièce minuscule, il y a une table de bois, une demi-douzaine
de chaises, deux paillasses, une armoire et un poêle de fonte
ronflant en duo avec l'âtre. Du plafond, sous d'énormes poutres,
pendent des herbes séchées, des saucissons secs, des tresses d'ail
et un orchestre de casseroles. Un chaudron de la grosseur d'une
baignoire exhale l'odeur de la viande braisée.

D'après Francine Allard, *Mon royaume pour un biscuit*,
coll. « Caméléon », Montréal,
Hurtubise HMH, 2005.

Vocabulaire

1 Écris les mots correspondants à chaque définition. Tous ces mots se trouvent dans le texte de la page précédente.

Un _____ : personne qui est invitée.

Une _____ : lit en paille.

Une _____ : meuble de rangement.

La _____ : métal avec lequel on fabrique des poêles, des cloches, etc.

Un _____ : morceau de musique pour deux voix ou deux instruments.

Un _____ : partie d'une cheminée où brûle le feu.

Une _____ : grosse pièce de bois ou de métal qui sert à soutenir un mur, une maison, un pont, etc.

Un _____ : récipient muni de deux anses, utilisé pour faire cuire les aliments.

_____ : se répandre dans l'air.

_____ : faire cuire à feu doux.

Enrichir les phrases

2 Complète le texte en utilisant les adjectifs de la liste. N'oublie pas de faire les accords nécessaires.

| fastueux | incliné | scintillant | somptueux |

Enfin, Urashima distingua dans le lointain une _____ porte de corail ornée de perles et de pierres précieuses _____. Derrière, se dressaient les toits _____ et les pignons d'une _____ demeure de corail.

D'après Margaret Mayo,
Urashima, coll. « Ribambelle »,
Paris, Hatier, 2003.

3 Enrichis le texte en ajoutant les groupes de mots suivants.

| doux | faible | sur le sol recouvert de branches de pin |

| qui séchaient, pendues à l'armature en noisetier | sous des braises |

Au centre du wigwam, un feu couvait. À la lueur de ce foyer, il distingua des plantes. Une douzaine de personnes dormaient.

D'après Alain Raimbault,
Herménégilde l'Acadien,
coll. « Plus », Montréal,
Hurtubise HMH, 2003.

_____
_____
_____
_____
_____
_____

Éviter les répétitions

4 Réécris le texte de la carte postale en remplaçant les répétitions soulignées par les pronoms personnels *elle*, *ils*, *la*, *les*, *leur*.

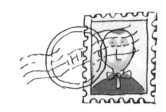

Chère Aglaé,

Depuis quelques jours, je suis en vacances avec ma mère dans un endroit super calme. Ma fenêtre donne sur un magnifique lac. En ce moment, une cane y promène ses canetons. Les canetons sont encore tout petits et les canetons suivent la cane à la file indienne. Maman envoie aux canetons des miettes de pain par la fenêtre. Maman ne changera jamais. Quand maman voit des bébés, même des oisillons, maman trouve toujours le moyen de nourrir les bébés.

Justine

Aglaé Morissette

14, rue des Chênes

Rimouski (Québec)

G5L 4B6

_____

_____

_____

_____

_____

POUR T'AIDER

Il(s) remplace un groupe du nom masculin singulier (ou pluriel).
Elle(s) remplace un groupe du nom féminin singulier (ou pluriel).
Il(s) et **elle(s)** sont toujours **sujet.**

Exemple : **Justine** est en vacances. **Elle** habite à l'hôtel.

La remplace un groupe du nom féminin singulier.
Les et **leur** remplacent un groupe du nom au pluriel (masculin ou féminin).
La, les et **leur** font partie du groupe du verbe, ils se placent avant le verbe.

Exemple : La cane surveille **ses canetons.** → La cane **les** surveille.

5 Pour éviter les répétitions, réunis les deux phrases en une seule en utilisant le pronom qui.

a) Au milieu du lac, Justine aperçoit un héron. Le héron a la tête dans l'eau.

_____

b) Une grenouille verte attrape un maringouin. Le maringouin passait par là.

_____

c) À gauche, dérive une chaloupe ayant à son bord deux pêcheurs. Les deux pêcheurs se sont endormis.

_____

d) Tiens, je vois maman. Maman court après un papillon sur la plage.

_____

e) Je ne vois rien avec ces jumelles. Ces jumelles ne sont pas ajustées.

_____

f) Je ne peux plus supporter cet endroit. Cet endroit m'ennuie royalement.

_____

POUR T'AIDER

Pour éviter les répétition, on peut utiliser un pronom personnel ou encore faire une seule phrase en utilisant le pronom relatif **qui**.
Exemples :
La cane surveille **ses canetons. Ses canetons** apprennent à nager.
La cane surveille **ses canetons. Ils** apprennent à nager.
La cane surveille **ses canetons qui** apprennent à nager.

Lis chaque suite de lettres à voix haute,
puis écris la phrase qui s'y cache.

LNHO _____

LAVQAOK _____

LRSTOPI _____

LNMTCD _____

LCNRV _____

LAHTDD _____

GHTDD _____

GNRVLN _____

ACCAC _____

LNEACOQP _____

COQP _____

Faire une description

 6 Un seul des deux textes ci-dessous est une description.
Entoure-le.

 A

La Reine des Neiges (extrait)

Kay a accroché sa luge à un traîneau qui file comme le vent. Il neige si fort que l'enfant ne voit rien autour de lui. Incapable de détacher sa luge, il demeure prisonnier du traîneau qui fonce dans la tempête. Il se met à crier de toutes ses forces, mais personne ne l'entend. De temps en temps, l'attelage franchit d'immenses fossés et le garçon est secoué de terribles soubresauts.
Il est terrifié.

D'après Hans Christian Andersen,
La Reine des Neiges.

 B

La Reine des Neiges (extrait)

Gerda arrive devant les portes de glace du palais de la Reine des Neiges. Les murs sont faits de bancs de neige que les vents cinglants ont creusés çà et là de portes et de fenêtres. À l'intérieur du château, il y a plus de cent pièces, certaines si vastes qu'on n'en voit pas l'extrémité. Toutes les pièces d'un blanc étincelant sont vides et glacées, éclairées seulement par la lumière bleutée de l'aurore boréale. Au centre du palais, s'étend un lac gelé, dont la glace brisée forme une énorme mosaïque.

D'après Hans Christian Andersen,
La Reine des Neiges.

POUR T'AIDER

Faire une **description,** c'est dépeindre un objet, un animal, un lieu, etc. afin que le lecteur puisse très bien l'imaginer.

Dans une **description,** on ne décrit pas tout, mais seulement les détails importants, ceux que l'on veut mettre en évidence.

Pour décrire un objet ou un animal, on peut donner des détails sur sa forme, sa couleur, sa taille, son usage (pour un objet) ou ses habitudes (pour un animal).

7 **Dans quel sens est présentée chacune des descriptions ci-dessous ?**

Au pied du sapin, la crèche est installée, bien à l'abri d'une montagne de cadeaux. Sur les branches les plus basses de l'arbre, de minuscules bonbons dorés sont suspendus, comme des étoiles au-dessus du toit de la crèche. Disséminés un peu partout, des anges aux ailes d'argent réfléchissent la lumière. Une guirlande multicolore entoure les plus hautes branches. Au sommet du sapin trône l'étoile de David.

Sens de la description :

_____

Au sommet du sapin trône l'étoile de David. Une guirlande multicolore entoure les plus hautes branches de l'arbre. Disséminés un peu partout, des anges aux ailes d'argent réfléchissent la lumière. Sur les branches les plus basses, de minuscules bonbons dorés sont suspendus. Ils sont comme des étoiles au-dessus du toit de la crèche, installée au pied du sapin, bien à l'abri d'une montagne de cadeaux.

Sens de la description :

_____

On voit d'abord, montée sur une mule, une vieille paysanne emmitouflée de fourrure. Une jeune fille portant un sac à dos marche derrière. Elle tient un petit garçon par la main. Un gros chien noir les suit. Au loin, on aperçoit la cime enneigée des montagnes.

Sens de la description :

_____

POUR T'AIDER

Pour décrire un lieu, on doit choisir **un sens à la description** :
de l'extérieur vers l'intérieur (ou de l'intérieur vers l'extérieur),
du centre aux alentours (ou des alentours au centre), de gauche
à droite (ou de droite à gauche), de haut en bas (ou de bas en haut),
du devant vers l'arrière (ou de l'arrière vers l'avant).

8 Numérote les phrases dans l'ordre où elles devraient apparaître pour que la description du village où est né mon arrière-grand-père se fasse du centre vers les alentours.

[ ] De là, trois rues d'asphalte bordées de coquettes maisons de bois partaient en étoile vers les champs cultivés autour du village.

[ ] L'église était le cœur du village où est né mon arrière-grand-père.

[ ] Au-delà, s'étendait l'immense forêt de feuillus dans laquelle mon arrière-grand-père allait bûcher pendant tout l'hiver.

[ ] Peu à peu, les rues devenaient des rangs et les fermes se faisaient de plus en plus rares.

[ ] En face de l'église, autour d'une petite place, s'étaient installés le magasin général, l'école et la caisse populaire.

9 Le sens de la description ci-dessous est de gauche à droite. Complète le texte avec les mots suivants.

à droite   au centre   derrière

à l'extrême gauche   à l'extrême droite

« Regarde, me dit mon arrière-grand-père, c'est une photo de mon dernier camp de bûcheron. Moi, je suis _____.

_____ les deux avec des grosses tuques sur la tête, ce sont les frères Lavertu, Dominique et Jacques.

_____ de Jacques, celui qui tient une hache, c'est Jos Cabana. Jos s'occupait du cheval dont on voit juste la queue _____. _____ Jos, adossé à la cabane, c'est Raymond Francœur, le cuisinier du camp. »

10 Benjamin envoie à son grand-père une photo de son équipe de hockey. Fais-en la description pour que celui-ci comprenne bien qui est sur la photo.

Cher grand-papa,

_____
_____
_____
_____
_____
_____
_____
_____
_____

Ton petit-fils Benjamin qui t'aime beaucoup.

Décampe !

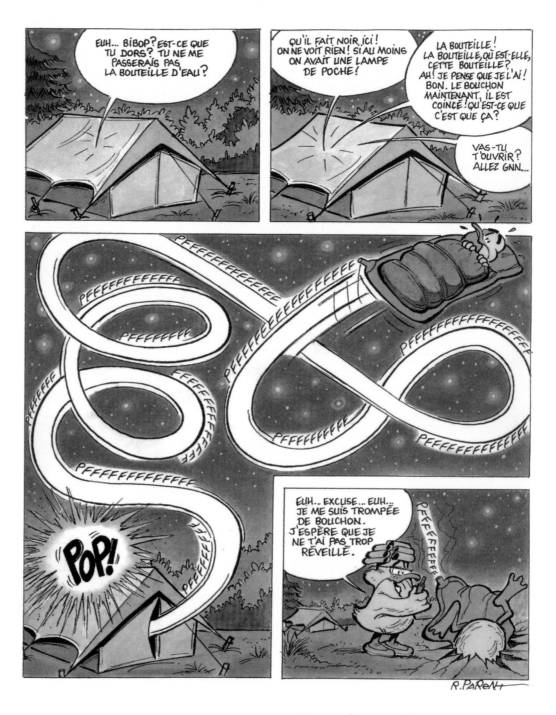

Raymond Parent, *Bibop. Ça passe et ça casse !*,
Montréal, Les 400 coups, 2002.

Vocabulaire

Associe chaque illustration à son onomatopée.

Des onomatopées 　　A. Pop 　　B. Vroum 　　C. Scrtch Scrtch 　　D. Zzzziii

E. Pffffff 　　F. Flap Flap Flap 　　G. Boing 　　H. Paf

I. Grrr 　　J. Tap Tap

1

2

3

4

5

6

7

8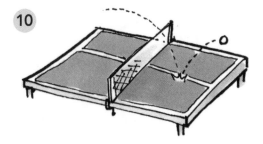

9

10

1 ＿＿＿　2 ＿＿＿　3 ＿＿＿　4 ＿＿＿　5 ＿＿＿

6 ＿＿＿　7 ＿＿＿　8 ＿＿＿　9 ＿＿＿　10 ＿＿＿

Les quatre types de phrases

Phrase déclarative : _____

Phrase interrogative : _____

Phrase exclamative : _____

Phrase impérative : _____

POUR T'AIDER

- Une **phrase déclarative** permet de dire quelque chose, d'énoncer un fait, et elle se termine par un point.
- Une **phrase interrogative** permet de poser une question et se termine par un point d'interrogation.
- Une **phrase exclamative** permet d'exprimer une émotion et se termine par un point d'exclamation.
- Une **phrase impérative** permet de donner un ordre ou un conseil et elle se termine par un point ou par un point d'exclamation.

 3 Ajoute la ponctuation aux phrases suivantes.

a) Comme il fait noir

b) Je vais me coucher

c) Où suis-je

d) Pousse-toi de là

4 Écris la question qui correspond à chaque réponse en utilisant l'expression Est-ce que.

Questions	Réponses
a) _____	Oui, je déteste les épinards.
b) _____	Non, il déteste les épinards.
c) _____	Non, Carmen ne vient pas.
d) _____	Oui, Luc a mangé des épinards.

POUR T'AIDER

Est-ce que se place au début de la phrase interrogative. Les autres mots sont dans le même ordre que dans une phrase déclarative.
Exemple : **Est-ce que** Clara vient au bal ?

5 Écris la question qui correspond à chaque réponse sans employer l'expression Est-ce que.

Questions	Réponses
a) _____	Oui, je déteste les épinards.
b) _____	Non, il déteste les épinards.
c) _____	Non, Carmen ne vient pas.
d) _____	Oui, Luc a mangé des épinards.

POUR T'AIDER

Dans une phrase interrogative, le pronom personnel sujet se place après le verbe.

Quand le sujet est un groupe du nom, le sujet est repris par un pronom personnel placé après le verbe.

Exemples : Vient-**elle** au bal ?   **Clara** vient-**elle** au bal ?

Attention ! Lorsque le verbe est à un temps composé, le pronom personnel se place après l'auxiliaire.

Quand le verbe (ou l'auxiliaire) se termine par une voyelle, il faut ajouter un **t.**

Exemples : Est-**elle** venue au bal ?   A-**t-elle** aimé le bal ?

6 Écris la question qui correspond à chaque réponse en utilisant un mot interrogatif.

Questions	Réponses
a) _____	Parce que c'est bon pour la santé.
b) _____	Ces épinards coûtent 2,25 $.
c) _____	Carmen habite en Espagne.
d) _____	Il reviendra à Pâques.

POUR T'AIDER

Dans une phrase interrogative, le **mot interrogatif** (quand, pourquoi, comment, où, que, etc.) se place toujours au **début** de la phrase, quelle que soit la construction employée.
Exemples :
Où est-ce que tu vas ?   **Où** vas-tu   **Où** Clara va-t-elle ?

7 Toutes les phrases interrogatives ci-dessous sont fautives. Après chaque phrase, écris le numéro correspondant à la faute, puis réécris la phrase correctement.

a) Elle vient quand ? ◯ _____

b) Pourquoi tu pleures ? ◯ _____

c) D'où arrive-telle ? ◯ _____

d) Où est-ce que Jasmine est-elle allée ? ◯ _____

e) Comment il faut faire ? ◯ _____

f) Pourquoi que tu ris ? ◯ _____

g) Tu restes-tu ? ◯ _____

Une phrase interrogative est fautive lorsque :
① le sujet n'est pas placé après le verbe ;
② le trait d'union a été oublié ou mal placé ;
③ le mot interrogatif n'est pas au début de la phrase ;
④ le mot interrogatif est suivi de **que** ;
⑤ deux constructions interrogatives sont utilisées ;
⑥ deux pronoms personnels sont utilisés comme sujet.

8 Dans la bande dessinée de la page 22, choisis deux phrases exclamatives : une qui exprime la contrariété et une deuxième qui exprime la satisfaction, puis écris-les ci-dessous.

_____

_____

_____

9 Relie chaque phrase exclamative à l'émotion qu'elle exprime.

Comme il est courageux !   •   • La contrariété

Il y a un monstre dans le placard !   •   • La peur

J'ai mal aux pieds !   •   • L'admiration

Enfin, j'ai terminé !   •   • La souffrance

Espèce de malappris !   •   • La surprise

Que je suis content !   •   • Le soulagement

Oh! Regarde, une étoile filante !   •   • La joie

Si j'avais su, j'aurais apporté   •   • La colère
un parapluie !

10 Sans ajouter de mots, transforme chaque phrase en phrase exclamative.

a) J'en ai vraiment assez. _____

b) Tu me casses les oreilles. _____

c) Décampe. _____

POUR T'AIDER

Pour faire une phrase exclamative, on peut tout simplement terminer une phrase déclarative ou impérative par un point d'exclamation.

Exemples :

J'ai mal aux dents. → J'ai mal aux dents !

Va chez le dentiste. → Va chez le dentiste !

11 À partir de chaque phrase déclarative, écris une phrase exclamative en utilisant le mot entre parenthèses.

a) (comme) Il fait froid. _____

b) (que) Tu as un chapeau étrange. _____

c) (quel) Il fait une drôle de tête. _____

d) (comme) Elle a un beau chien. _____

e) (quel) Ce sont des champions. _____

POUR T'AIDER

On peut construire une phrase exclamative avec les mots **comme, que (qu')** ou **quel.**

Comme, que et **quel** se placent au début de la phrase exclamative.

Exemples : Ce garçon est bizarre. → **Comme** ce garçon est bizarre !
→ **Que** ce garçon est bizarre !
→ **Quel** garçon bizarre !

Attention ! Lorsque l'on emploie **quel,** on doit supprimer ou déplacer des mots.

Exemples :   Ce garçon est bizarre. → **Quel** garçon bizarre !

Tu as l'air bizarre. → **Quel** air bizarre tu as !

Attention ! Quel est un déterminant, il prend le genre et le nombre du nom qu'il accompagne.

12 **Écris une phrase impérative pour chaque situation.**

a) En classe, Martin demande à son voisin Ludovic de lui prêter sa règle.

_____

b) Ludovic dit à Martin de lui rendre son crayon.

_____

c) Le professeur, impatient, dit à Martin et à Ludovic d'arrêter de bavarder.

_____

d) Martin demande à Ludovic de le laisser regarder sa feuille.

_____

e) Ludovic répond à Martin de le laisser tranquille.

_____

f) Le professeur dit à Martin de se lever et de réciter le verbe aller à l'impératif.

_____

POUR T'AIDER

Pour construire une phrase impérative, on met le verbe au mode impératif.

Exemples :

Le professeur dit à un élève de lire le texte. → **Lis** le texte.

Le professeur dit aux élèves ainsi qu'à lui-même de lire le texte. → **Lisons** le texte.

Le professeur dit aux élèves de lire le texte. → **Lisez** le texte.

Remue-méninges

Une erreur s'est glissée dans chacune des expressions suivantes. En t'aidant de leur signification réécris-les correctement.

Avoir un joueur de pierre.
Être insensible.

_____

Couper les bœufs en quatre.
Compliquer les choses.

_____

Mettre l'épicier dans les plats.
Commettre une maladresse.

_____

Donner Solange au chat.
Renoncer à deviner.

_____

Être dans ses petits papiers.
Être mal à l'aise.

_____

Une histoire à pourrir debout.
Une histoire invraisemblable.

_____

Verser des larmes d'automobile.
Pleurer pour rien.

_____

Être en retard comme une pie.
Parler beaucoup.

_____

Avoir une bretelle d'oiseau.
Manquer de jugement.

_____

Être vêtu comme une mule.
Être entêté.

_____

Être comme un pinson dans l'eau.
Être à l'aise.

_____

Écrire une bande dessinée

13 Les cases de la bande dessinée ci-dessous ont été mélangées. Numérote-les dans l'ordre (de 1 à 6) où elles devraient être.

Martin, tu déranges sans arrêt la classe, tu n'écoutes pas, tu oublies toujours tout ! Cela ne peut pas durer !

Plus tard

Ça va ?

Non, ça ne va pas ! Le prof m'a donné un devoir de plus, j'ai oublié ma collation, Ludovic est fâché !

Martin, viens ici, s'il te plaît !

Allez, ça va s'arranger. Tiens, prends des biscuits, j'en ai trop, de toute façon.

Merci.

Oh ! non !

DRRING

Ouf ! La journée a été longue !

Une bande dessinée raconte une histoire en utilisant des dessins et des dialogues. Les paroles sont écrites dans des bulles reliées aux personnages.

Les cases se lisent de gauche à droite et de haut en bas.

Dans chaque case, les bulles se lisent également de gauche à droite et de haut en bas.

Lorsqu'un personnage pense, la bulle est reliée au personnage par des petits ronds.

Souvent, en haut de la case à gauche, on situe le lieu ou le moment où se passe la scène.

On trouve parfois, à l'extérieur des bulles, des onomatopées, c'est-à-dire des mots qui imitent des bruits.

POUR T'AIDER

Écris les numéros des phrases dans les bulles qui conviennent.

1. Devinez ce qui m'arrive !

2. Tu vas avoir un chien.

3. Mais non, sa petite sœur est allergique aux chiens.

4. Tu as eu 100 en math.

5. Tu dis n'importe quoi !

6. Non, ce n'est pas ça non plus !

7. Je donne ma langue au chat.

8. Je déménage au Mexique.

9. Bravo ! Est-ce que je pourrai aller te voir ?

DEVINEZ !

Écris dans les bulles des phrases de ton choix, puis trouve un titre à la bande dessinée.

4 Le texte narratif

Ulysse et le cyclope

Un matin, après avoir vogué toute la nuit sur une mer houleuse, Ulysse et ses compagnons arrivent près d'une île habitée par des cyclopes. Ceux-ci sont des géants hauts comme des montagnes et n'ont qu'un œil au milieu du front. Ulysse, avec une douzaine de ses hommes, décide d'aller explorer cette île mystérieuse.

Sur place, ils découvrent une grotte remplie de victuailles de toutes sortes. Les hommes veulent s'emparer des vivres et retourner immédiatement au bateau. Ulysse refuse, car il veut rencontrer le maître des lieux. Le soir venu, quand le cyclope revient et qu'il aperçoit les marins dans sa caverne, il devient fou furieux. Il en attrape deux et les mange pour son souper.

Le lendemain matin, en sortant de la grotte, le cyclope bloque l'entrée avec une roche si grosse que seul un géant tel que lui pourra la soulever. À son retour, le cyclope mange deux autres hommes pour son repas du soir. Terrorisés, les marins pensent que leur dernière heure est venue. « Jamais, se disent-ils, nous ne reverrons nos camarades. » Mais Ulysse a un plan.

Prenant son courage à deux mains, Ulysse s'approche du monstre et lui offre l'outre de vin qu'il a apportée. Le cyclope boit à grandes gorgées, tellement qu'il s'endort, ronflant à en faire trembler les parois de la caverne. C'est alors qu'Ulysse et ses hommes enfoncent un énorme pieu dans l'œil du cyclope.

Hurlant de douleur, le géant se lève, dégage la roche qui ferme l'entrée et se précipite dehors en courant. Ulysse et ses compagnons en profitent pour se sauver. Après une course folle, ils retrouvent enfin leur navire où les attendent leurs compagnons.

D'après Homère, *L'Odyssée.*

Vocabulaire

Utiliser un dictionnaire

HOULEUX, EUSE (*h* aspiré) adj.
1. Agité par la houle. *La mer est houleuse.* ANT. Calme ; paisible.
2. (FIG.) Agité, mouvementé. *Une discussion houleuse.*

IMMÉDIATEMENT adv.
Tout de suite. *Je viens immédiatement.* SYN. sur-le-champ.

OUTRE n. f.
Sac de cuir destiné à contenir un liquide. *Il a de l'eau fraîche dans son outre.*

VICTUAILLES n. f. pl.
Vivres, provisions. *Il se chargera des victuailles.* SYN. Nourriture.

Marie-Éva de Villers, *Multidictionnaire de la langue française*, Montréal, Québec Amérique, 2003.

a) Quel nom féminin est toujours au pluriel ? _____

Quelles abréviations permettent de le savoir ? _____

b) À quelle classe de mots appartient le mot **houleux** ? _____

Quelle abréviation permet de le savoir ? _____

c) Quel est le synonyme de **immédiatement** ? _____

d) Quel est l'antonyme de **houleux** ? _____

e) Dans le texte de la page précédente, le mot **houleuse,** dans le premier paragraphe, est-il employé au sens propre ou au sens figuré ? _____

POUR T'AIDER

Pour comprendre un article de dictionnaire, il faut connaître la signification de certaines abréviations.

n. → **n**om	f. → **f**éminin	syn. → **syn**onyme
adj. → **adj**ectif	m. → **m**asculin	ant. → **ant**onyme
adv. → **adv**erbe	pl. → **pl**uriel	fig. → sens **fig**uré
v. → **v**erbe		

Si un mot a plusieurs sens, les différents sens sont identifiés par un nombre.

Le texte narratif au passé

2 Le texte de la page 34 est écrit au présent. Réécris le dernier paragraphe au passé. Attention ! Cinq verbes doivent être au passé composé et deux à l'imparfait.

Hurlant de douleur, le géant se lève, dégage la roche qui ferme l'entrée et se précipite dehors en courant. Ulysse et ses compagnons en profitent pour se sauver. Après une course folle, ils retrouvent enfin leur navire où les attendent leurs compagnons.

On emploie **le passé composé** pour parler d'événements qui ont eu lieu dans le passé à **un moment donné.**

On emploie **l'indicatif imparfait** pour parler d'événements qui ont eu lieu dans le passé, mais qui ont duré **un certain temps.**

Exemple :

Ulysse **était** sur le pont du navire, lorsqu'il **a aperçu** une île.

*Ulysse **était** sur le pont depuis **un certain temps** quand, à **un moment donné**, il **a aperçu** une île.*

POUR T'AIDER

3 Réécris les phrases au passé en utilisant le temps qui convient, soit le passé composé soit l'imparfait.

a) Tous les jeudis, Pénélope va rendre visite à Ulysse.

_____

b) Soudain, le cyclope entre dans la caverne.

_____

c) Il pleut depuis des semaines.

_____

d) Depuis le début, Ulysse veut rencontrer le monstre.

_____

 4 Réécris les phrases au passé en utilisant un verbe au passé composé et l'autre à l'imparfait.

a) Il se met à courir pour rattraper l'autobus qui roule à vive allure.

_____

b) En entrant dans le salon, je vois Sarah qui boude dans son coin.

_____

c) Le gorille s'échappe pendant que le gardien regarde ailleurs.

_____

d) Il sort sa flûte pour accompagner les oiseaux qui chantent dans les buissons.

_____

Les mots de relation mais, ou, et, car

5 Réunis les deux phrases avec le mot de relation qui convient.

| mais | ou | et | car |

a) Ulysse refuse. Il veut rencontrer le maître des lieux.

_____

b) Les marins voudraient s'enfuir. L'entrée de la grotte est bloquée.

_____

c) La roche est énorme. Ulysse ne pourra jamais la soulever.

_____

d) Les cyclopes sont des géants. Ils ont un œil au milieu du front.

_____

e) Les hommes voudraient dormir. Le monstre ronfle trop fort.

_____

f) Acceptez-vous ce modeste cadeau ? Préférez-vous le refusez ?

_____

g) Les marins tremblent de peur. Le cyclope arrive.

_____

POUR T'AIDER

Les mots de relation servent à relier les mots ou les groupes de mots.

Mais indique l'opposition.
Exemple : Le cyclope a une grosse tête, **mais** il est faible d'esprit.

Car indique la cause ou l'explication.
Exemple : Le cyclope s'est endormi, **car** il a trop bu.

Attention ! **Mais** et **car** sont toujours précédés d'une virgule.

Et indique l'addition.
Exemple : La pluie tombe **et** le tonnerre gronde.

Ou indique le choix.
Exemple : Qui est le plus rusé, Ulysse **ou** le cyclope ?

6 Complète les phrases par les mots de ton choix.

a) _____ **car** il est plutôt cruel.

b) Les hommes s'ennuient de leur mère, **car** _____

c) Pénélope attendait Ulysse, **mais** _____

d) _____ , **mais** la caverne est trop sombre.

e) Les hommes aperçoivent une grotte **et** _____

f) _____ **et** le vent souffle.

g) Le cyclope mange de la chair fraîche **ou** _____

h) _____ **ou** dort à l'ombre des oliviers.

7 Écris quatre phrases en utilisant les mots de relation mais, car, et, ou.

_____

_____

_____

_____

_____

_____

La virgule

Le déluge

Enlil le roi des dieux de Mésopotamie ne pouvait plus dormir : les hommes, en bas, sur Terre, faisaient vraiment trop de bruit ! À bout de patience il décida de les exterminer. […]

Ea un dieu sage et malin avertit Outa-Naphistim le plus raisonnable le plus croyant des hommes. Il lui apparut en rêve et il lui dit :

— Un grand déluge va venir. Laisse ici tes richesses construis un grand bateau à fond plat colmate-le bien puis embarque avec ta femme et les animaux que tu peux sauver.

Outa-Naphistim obéit à son rêve. Il démolit sa maison pour en faire un vaisseau, sous les moqueries des autres hommes. Un jour, le ciel devint plus noir qu'en pleine nuit. La pluie se mit à tomber dure et sans fin grossissant les eaux de la mer. Bientôt, tous moururent noyés, sauf les êtres embarqués sur le navire du sage. Après sept jours et sept nuits, la tempête se calma, et une terre ferme apparut.

D'après Sylvie Baussier, *Le livre de la mer*,
Paris, Nathan, 2005.

POUR T'AIDER

On doit mettre une virgule pour :

- séparer les éléments d'une énumération ;

  Exemple : Les derniers à entrer dans l'arche furent les chiens, les chats, les lapins et les oiseaux.

  Attention ! Dans une énumération, on met une virgule avant **puis**, mais on n'en met pas avant **et**.

- séparer un élément explicatif du reste de la phrase.

  Exemple : Enlil, **très fâché**, veut punir les hommes.

Écris l'expression cachée dans chaque dessin.
Aide-toi de sa signification.

Ce n'est pas très compliqué.

_____

_____

C'est inutile, sans conséquence.

_____

_____

Ne pas créer de problèmes.

_____

_____

Se décourager facilement.

_____

_____

9 Un seul des deux textes ci-dessous est un récit. Entoure-le.

Sindbad le marin

Cela se passe il y a bien longtemps. Sindbad fait route vers des terres inconnues à bord d'un navire marchand.

Au bout de quelques jours, une énorme tempête se déchaîne et le bateau dérive près d'une petite île. Le capitaine envoie Sindbad et deux de ses compagnons y faire provision d'eau.

À peine ont-ils mis pied à terre qu'un immense jet d'eau sort du sol et s'élève vers le ciel. Comme Sindbad se dirige vers cette étrange fontaine pour se désaltérer, la terre se met soudainement à bouger, puis un soubresaut très puissant les projette directement dans la mer.

Sindbad, ébahi, s'aperçoit alors que cette île est en fait une baleine endormie couverte d'herbe et de terre. L'animal, maintenant complètement réveillé, donne un grand coup de queue sur le navire qui sombre dans les flots avec tous ses occupants.

Heureusement, Sindbad réussit à s'accrocher à une planche de bois et il nage tant bien que mal jusqu'à la terre ferme qu'il aperçoit au loin.

Sindbad le marin

Sindbad est un héros dont la princesse Schéhérazade a raconté les aventures dans les *Mille et Une Nuits,* un recueil de contes arabes très ancien, dans lequel on retrouve également les aventures d'Aladin et d'Ali Baba.

Sindbad est un jeune homme qui vit à Bagdad, en Irak. Il est le fils unique d'un riche marchand de tissus, qui lui a laissé à sa mort une immense fortune.

C'est un garçon naïf et bon, qui sait s'entourer de nombreux amis, mais qui ne connaît rien aux affaires. Très vite, son héritage s'épuise et il se retrouve sur la paille, complètement ruiné.

Sindbad n'a pas l'âme d'un marchand, mais il est aventurier et il a un courage à toute épreuve. Il utilise donc le peu d'argent qu'il lui reste pour s'embarquer sur un navire et parcourir le vaste monde.

Les *Mille et Une Nuits* ont donné lieu à de nombreuses adaptations, soit en films, en dessins animés ou encore en livres pour enfants.

POUR T'AIDER

Un texte narratif est un texte qui raconte une histoire. Il est construit en trois parties : le début, le milieu et la fin.

10 Dans le récit que tu as entouré à la page précédente, surligne en jaune le début du récit, surligne en bleu le milieu du récit et surligne en rose la fin du récit.

11 Dans le récit ci-dessous, le début, le milieu et la fin ont été mélangés. Numérote les paragraphes dans l'ordre où ils devraient se lire.

Magdaléna et le chien du capitaine

☐ Soudain, un cri plein de colère retentit derrière elle : « Espèce de petit voyou ! Reviens ici tout de suite ! »
C'est alors que Toby, le saint-bernard du capitaine, surgit en trombe de la salle à manger, un gros jambon dans la gueule. Le cuisinier du bord le suit en courant, un rouleau à pâte à la main.

☐ Par un beau matin du mois de juillet, Magdaléna fait une croisière sur le Saint-Laurent. Accoudée au bastingage, elle regarde distraitement vers le large.

☐ Enfin, un matelot lance une bouée de sauvetage et l'on hisse à bord le chien et l'enfant.
On les enveloppe tous les deux d'une chaude couverture, et ils terminent la journée serrés l'un contre l'autre.

☐ Bientôt, plusieurs personnes se joignent à la poursuite. Le chien, affolé, arrive près de Magdaléna. Cherchant une issue, il tourne sur lui-même comme un fou et heurte violemment la petite fille qui glisse et tombe à l'eau.
Tout le monde s'immobilise, paniqué, mais Toby s'élance dans les flots, attrape Magdaléna et nage en maintenant sa tête hors de l'eau.

☐ Comme il s'est largement racheté en sauvant la petite fille, Toby n'a pas été puni. Le cuisinier a même accepté de lui donner un gros os, grâce aux supplications de Magdaléna.

POUR T'AIDER

Pour identifier **le début d'un récit,** tu peux te poser les questions suivantes :
• Où et quand se passe l'histoire ?
• Qui est le personnage principal et que fait-il ?

Pour identifier **le milieu d'un récit,** tu peux te poser les questions suivantes :
• Quel événement survient ?
• Que se passe-t-il ensuite ?

Pour identifier **la fin d'un récit,** tu peux te poser la question suivante :
• Comment se termine l'histoire ?

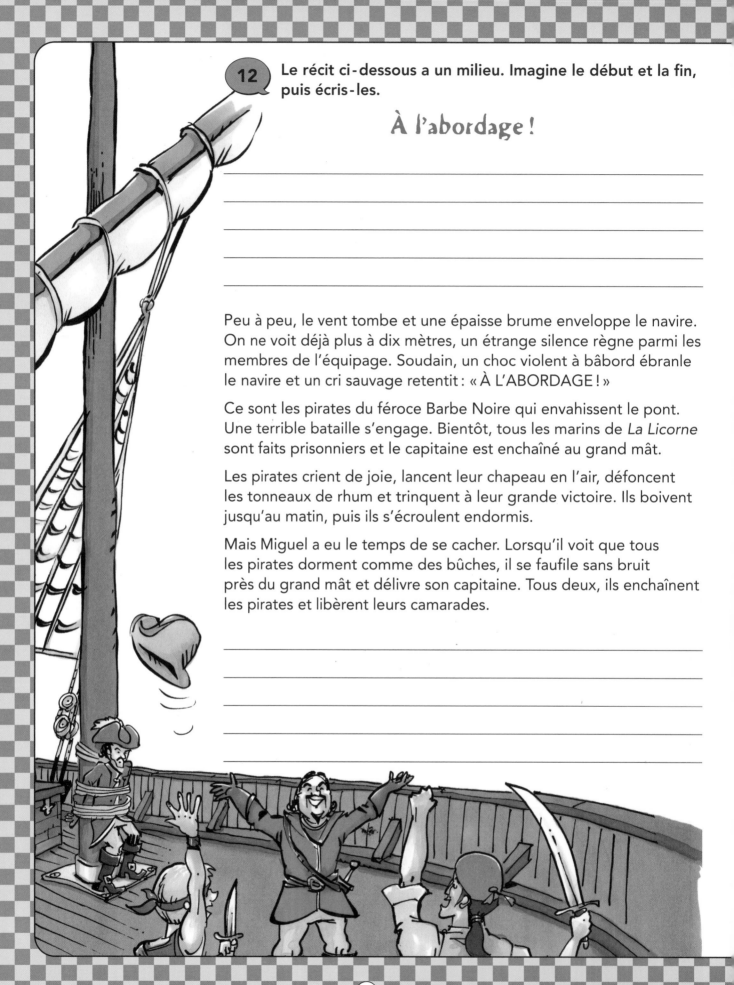

12 Le récit ci-dessous a un milieu. Imagine le début et la fin, puis écris-les.

À l'abordage !

_____

_____

_____

_____

_____

Peu à peu, le vent tombe et une épaisse brume enveloppe le navire. On ne voit déjà plus à dix mètres, un étrange silence règne parmi les membres de l'équipage. Soudain, un choc violent à bâbord ébranle le navire et un cri sauvage retentit : « À L'ABORDAGE ! »

Ce sont les pirates du féroce Barbe Noire qui envahissent le pont. Une terrible bataille s'engage. Bientôt, tous les marins de _La Licorne_ sont faits prisonniers et le capitaine est enchaîné au grand mât.

Les pirates crient de joie, lancent leur chapeau en l'air, défoncent les tonneaux de rhum et trinquent à leur grande victoire. Ils boivent jusqu'au matin, puis ils s'écroulent endormis.

Mais Miguel a eu le temps de se cacher. Lorsqu'il voit que tous les pirates dorment comme des bûches, il se faufile sans bruit près du grand mât et délivre son capitaine. Tous deux, ils enchaînent les pirates et libèrent leurs camarades.

_____

_____

_____

_____

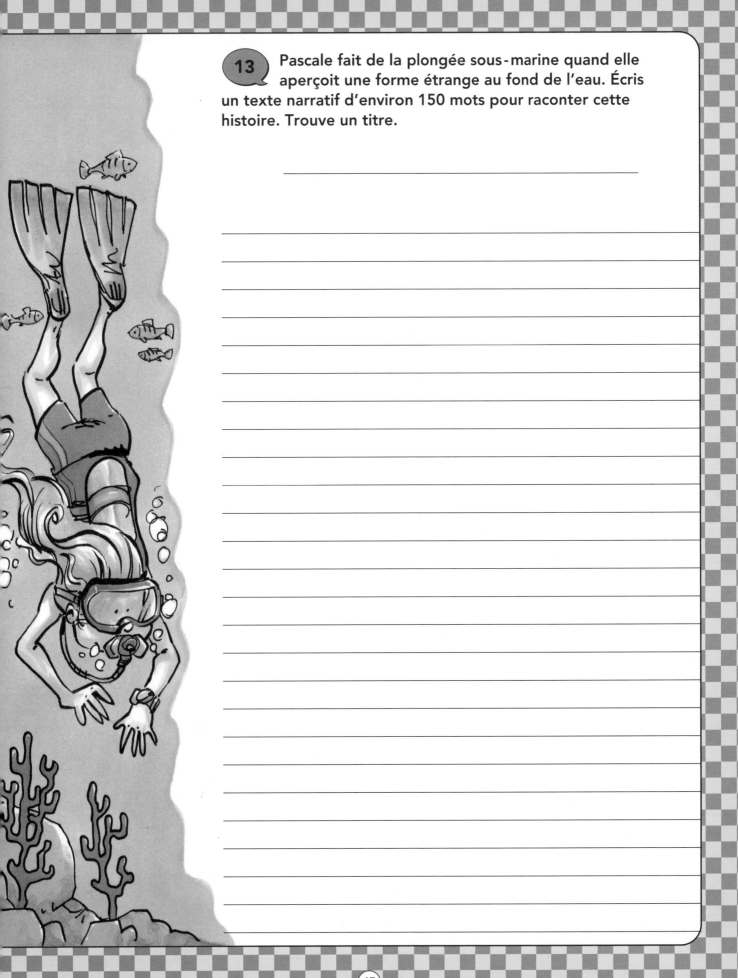

13 Pascale fait de la plongée sous-marine quand elle aperçoit une forme étrange au fond de l'eau. Écris un texte narratif d'environ 150 mots pour raconter cette histoire. Trouve un titre.

_____

_____

_____

_____

_____

_____

_____

_____

_____

_____

_____

_____

_____

_____

_____

_____

_____

_____

_____

_____

_____

_____

_____

5 Le poème

Moi, quand j'ai connu la musique

Moi, quand j'ai connu la musique
J'avais dans les cinq ou six ans
Elle était en habit rustique
Elle avait le soulier dansant
Était venue avec des gens
Et traversé des Atlantiques
Connu la pluie avec le vent
Et découvert des Amériques
Battu les quais battu les ponts
Mais n'avait pas perdu son nom
S'appelait encor cotillon
Quadrille et gigue et rigaudon
Moi, quand j'ai connu la musique
Elle était vêtue en violon

Gilles Vigneault, *Tam ti delam*,
Nouvelles Éditions de l'Arc,
Québec, 1967.

Vocabulaire

1 Gilles Vigneault, dans le poème de la page précédente, parle de quatre danses folkloriques : le cotillon, le quadrille, la gigue et le rigaudon. Écris le nom de chaque danse à l'endroit qui convient. Sers-toi du dictionnaire.

_____ : danse de la fin du 18e siècle, exécutée par quatre couples de danseurs qui se font face en formant un carré.

_____ : danse rapide à deux temps, qui était très à la mode au 17e et au 18e siècle en Provence, une région de France.

_____ : danse exécutée à la fin d'une soirée par six ou huit danseurs et danseuses qui font une chaîne en se tenant par la main.

_____ : danse vive d'origine anglaise ou irlandaise, que l'on dansait surtout à la campagne. Au son du violon, les danseurs frappent en alternance du talon et de la pointe du pied.

2 Trouve dans le poème de la page précédente le synonyme de campagnard.

_____

Enrichir les phrases

Les comparaisons

 3 Complète ce poème en ajoutant les comparaisons.
Inspire-toi des illustrations.

La musique

Lorsque tu joues de la musique,

Surtout quand elle est folklorique,

Do ré mi fa sol la si do,

Je suis comme _____ .

Lorsque tu joues de ton archet,

Par un matin d'automne frisquet,

Les sanglots longs de ton violon

Me rendent docile comme _____ .

Lorsque tu joues du tambourin,

Avec notre cousin Firmin,

Tra la la li tra la la lère,

Je suis enfin libre comme _____ .

Lorsque tu joues sur ta guitare,

Un air d'Amadeus Mozart,

Et que nous marchons dans la brume

Je me sens léger comme _____ .

Pour rendre une phrase plus riche et plus vivante, on peut faire des comparaisons.

Exemple : Lili est gaie. → Lili est gaie comme un pinson.

Dans la deuxième phrase, on compare la gaîté de Lili à celle d'un pinson.

Attention !

On ne peut pas comparer n'importe quoi.

Exemple : Lili est gaie comme un vautour.

Cette comparaison n'a pas de sens parce qu'un vautour n'est pas considéré comme un animal gai, c'est plutôt un animal lugubre.

POUR T'AIDER

4 Complète les phrases en remplaçant la comparaison par un mot qui signifie la même chose.

a) On entre dans cette maison **comme dans un moulin**.

On y entre _____.

b) Sosthène était **haut comme trois pommes**. Il était _____.

c) L'accusé a juré qu'il était **blanc comme neige**.

Il a juré qu'il était _____.

d) Rodrigue est **malin comme un singe**. Il est _____.

5 Complète le poème en associant chaque adjectif à un groupe du nom. Attention ! Tu dois respecter les rimes.

| têtu | sourd | pauvre | rouge | sale |

| peureux | sage | riche | propre | bête |

| une mule | Job | un sou neuf | un pot | une écrevisse |
| un lapin | ses pieds | Crésus | un cochon | une image |

Comme les dix doigts de la main

Raymond est sur le balcon,

_____ comme _____.

Jean-Jules joue au funambule,

_____ comme _____.

Pélage attend dans le garage,

_____ comme _____.

Phaneuf a un béret neuf,

_____ comme _____.

Confucius est assis en lotus,

_____ comme _____.

Bob est caché dans le garde-robe,

_____ comme _____.

Xavier est perdu dans ses papiers,

_____ comme _____.

Arnaud est perché sur l'escabeau,

_____ comme _____.

Alice fait des caprices,

_____ comme _____.

Voilà Augustin Sanschagrin,

_____ comme _____.

Les mots de relation
grâce à, à cause de

Nous tous

_____ moi, l'entrée est déblayée

_____ toi, le plancher est mouillé

_____ lui, le fromage est râpé

_____ elles, le chauffage est coupé

_____ elle, le gâteau est brûlé

_____ eux, le gruau est salé

_____ nous, le salon est rangé

_____ vous, Odilon a congé

J'ai trouvé mon bol _____ ma boussole

Tu as manqué ton vol _____ une luciole

Il apprend l'espagnol _____ Nicole

Elle est devenue folle _____ bénévoles

Vous trouverez l'école _____ une banderole

Nous avons la rougeole _____ une bestiole

Ils ont gagné le pactole _____ tournesol

Elles fuient la métropole _____ une bricole

POUR T'AIDER

Grâce à signifie **à l'aide de**.

On emploie **grâce à** pour parler d'un résultat agréable ou heureux.

Exemple : Grâce à toi, j'ai réussi.

À cause de signifie **par la faute de**.

On emploie **à cause de** pour parler d'un résultat désagréable ou malheureux.

Exemple : À cause de toi, j'ai échoué.

A. Trouve sept mots en pigeant parmi les lettres proposées et en t'aidant des couleurs et des définitions.

S O U L I P T E

Note de musique □ □

Terre □ □ □

Unique □ □ □ □

Eau du ciel □ □ □ □ □

Astre □ □ □ □ □ □

Fleur □ □ □ □ □ □

Musicien □ □ □ □ □ □ □

B. Écris dans les cases les lettres E, L ou U, tu découvriras deux vers d'un poème de Paul Verlaine, un écrivain français du 19e siècle.

I □ P □ □ R □   DANS   MON   C O □ □ R

COMM □   I □   P □ □ T   S □ R   □ A   VI □ □ □

Écrire un poème

L'oiseau du tour du monde

Un bœuf gris de la Chine,
Couché dans son étable,
Allonge son échine
Et dans le même instant
Un bœuf de l'Uruguay
Se retourne pour voir
Si quelqu'un a bougé.
Vole sur l'un et l'autre
À travers jour et nuit
L'oiseau qui fait sans bruit
Le tour de la planète
Et jamais ne la touche
Et jamais ne s'arrête.

Jules Supervielle, « L'oiseau du tour
du monde », dans *Le forçat innocent*,
Paris, Gallimard, 1969.

J'ai trouvé dans ma poche

J'ai trouvé dans ma poche
un morceau d'univers
un joujou, un miroir,
quelques sous et du pain,
un cheveu, un mouchoir,
quelques poux et du grain
pour nourrir ce matin
ma planète en chagrin

Jacques Lazure, inédit,
dans Henriette Major, *Avec des
yeux d'enfants*, Montréal,
L'Hexagone/VLB éditeur, 2000.

Complot d'enfants

Nous partirons
Nous partirons seuls
Nous partirons seuls loin
Pendant que nos parents dorment
Nous prendrons le chemin
Nous prendrons notre enfance
Un peu d'eau et de pain
Et beaucoup d'espérance
Nous sortirons pieds nus
En silence
Nous sortirons
Par l'horizon…

Félix Leclerc, « Complot d'enfants »,
dans *Cent chansons*, Montréal,
Fides, 1970.

Le Relais

En voyage, on s'arrête, on descend de voiture ;
Puis entre deux maisons on passe à l'aventure,
Des chevaux, de la route et des fouets étourdi,
L'œil fatigué de voir et le corps engourdi.

Et voici tout à coup, silencieuse et verte,
Une vallée humide et de lilas couverte,
Un ruisseau qui murmure entre les peupliers,
Et la route et le bruit sont bien vite oubliés !

On se couche dans l'herbe et l'on s'écoute vivre,
De l'odeur du foin vert à loisir on s'enivre,
Et sans penser à rien on regarde les cieux.
Hélas une voix crie : « En voiture, messieurs ! »

Gérard de Nerval
(1808-1855)

J'ai mis...

J'ai mis dans ma gibecière
mes collines, mes châteaux,
mes églises, mes rivières,
mes prairies, mes chevaux.
Je me suis noué au cou
un foulard de pleine lune
dans ma poche ai mis un bout
de pain et deux ou trois prunes.
J'ai chaussé mes gros souliers
pris mon chapeau de tempête
et je me suis en allé
esprit clair et cœur en fête.
J'irai jusqu'au bout du monde
et je rentrerai chez moi
si la terre est vraiment ronde
le bout est derrière toi.

Arthur Haulot

7 Lis attentivement et récite plusieurs fois à haute voix les poèmes de la page précédente. Compose ensuite un nouveau poème en empruntant à chacun un ou plusieurs vers selon ton inspiration. N'oublie pas de mettre un titre.

POUR T'AIDER

Un poème utilise la **sonorité** des mots et le **rythme** des phrases pour exprimer quelque chose.

La **sonorité** d'un poème vient généralement des **rimes**, c'est-à-dire que le dernier mot d'un vers (d'une ligne) se termine par le même son que le dernier mot d'un autre vers.

Exemple : En voyage, on s'arrête, on descend de voi**ture** ;
Puis entre deux maisons on passe à l'aven**ture**,

Le **rythme** d'un poème est généralement donné par le nombre de **syllabes** des vers les uns par rapport aux autres.

Exemple :

En / vo / yage, / on /s'ar / rête, / on / des / cend / de / voi / ture (12 syllabes)
Puis / en / tre / deux / mai / sons / on / passe / à / l'a / ven / ture (12 syllabes)

8 Lis attentivement la fable de La Fontaine, puis complète, par les mots de ton choix, celle qui a été « trouée » à la page suivante.

Le Corbeau et le Renard

Maître Corbeau, sur un arbre perché,

Tenait en son bec un fromage.

Maître Renard, par l'odeur alléché,

Lui tint à peu près ce langage :

« Hé ! Bonjour, monsieur du Corbeau.

Que vous êtes joli ! Que vous me semblez beau !

Sans mentir, si votre ramage

Se rapporte à votre plumage,

Vous êtes le phénix des hôtes de ces bois. »

À ces mots le Corbeau ne se sent pas de joie ;

Et pour montrer sa belle voix,

Il ouvre un large bec et laisse tomber sa proie.

Le Renard s'en saisit, et dit : « Mon bon monsieur,

Apprenez que tout flatteur

Vit aux dépens de celui qui l'écoute :

Cette leçon vaut bien un fromage, sans doute. »

Le Corbeau, honteux et confus,

Jura, mais un peu tard, qu'on ne l'y prendrait plus.

Le _____ et le _____

Maître _____, sur un _____ perché,

Tenait en son _____ un _____.

Maître _____, par l'odeur alléché,

Lui tint à peu près ce _____ :

« Hé ! Bonjour, monsieur du _____.

Que vous êtes _____ ! Que vous me semblez _____

Sans mentir, si votre _____

Se rapporte à votre _____,

Vous êtes le _____ des hôtes de ces _____. »

À ces mots le _____ ne se sent pas de joie ;

Et pour montrer _____,

Il ouvre _____ et laisse tomber _____.

Le _____ s'en saisit, et dit : « Mon bon monsieur,

Apprenez que tout flatteur

Vit aux dépens de celui qui l'écoute :

Cette leçon vaut bien un _____, sans doute. »

Le _____, honteux et confus,

Jura, mais un peu tard, qu'on ne l'y prendrait plus.

1 Le texte documentaire

Vocabulaire

1 la bicyclette : **cycliste**
la boxe : **boxeur**
le canoé : **canoéiste**
l'équitation : **cavalier**
l'escrime : **escrimeur**
le hockey : **hockeyeur**
le judo : **judoka**
le karaté : **karatéka**
le kayak : **kayakiste**
le golf : **golfeur**
la gymnastique : **gymnaste**
la natation : **nageur**

la planche
à neige : **planchiste**
la planche
à voile : **véliplanchiste**
le saut à
la perche : **perchiste**
le ski : **skieur**
le soccer : **footballeur**
le tennis : **joueur de tennis**
le tennis
de table : **pongiste**
le tir à l'arc : **archer**

Reconnaître des phrases

2 8

3 Cinq anneaux symbolisent les Jeux olympiques. Ces anneaux entrelacés sont de couleurs différentes sur un fond blanc. Ils représentent l'union de cinq continents. Chaque athlète participant aux jeux doit prêter le serment olympique. Ce serment insiste sur le respect des règles et l'esprit sportif. Il a été prononcé pour la première fois en 1992.

4 Pendant les olympiades de l'Antiquité, une flamme brûlait en permanence en l'honneur de Zeus. Cette tradition a été reprise lors des Jeux olympiques de 1936. La flamme olympique est rallumée tous les quatre ans. Des athlètes se relaient pour transporter la torche jusqu'au site des jeux du pays hôte.

5 Dans chaque épreuve, trois athlètes sont récompensés. L'athlète qui réussit la meilleure performance reçoit la médaille d'or. On fait jouer l'hymne national de chaque médaillé lorsqu'il monte sur le podium. Un des plus grands athlètes des jeux de l'ère moderne est Nadia Comaneci. Cette gymnaste roumaine a gagné sept médailles d'or aux Jeux olympiques de Montréal, en 1976.

Construire des phrases

6 La défaite est parfois difficile à accepter. Certains athlètes réagissent très mal.
On a déjà vu des perdants piétiner leur médaille d'argent.
Un boxeur déçu a protesté en restant assis plus d'une heure au milieu du ring.
Une équipe de hockey sur gazon a arrosé d'eau le président de la fédération internationale.

Remue-méninges

Koroïbos	C'est le premier champion olympique de l'histoire. Il remporte la course du stade d'Olympie, en 776 av. J.-C.
Henry Pearce	Il s'arrête pour laisser passer une cane et ses canetons lors d'une compétition d'aviron (en 1928, à Amsterdam).
Abebe Bikila	Il court pieds nus le marathon (en 1960, à Rome).
Nadia Comaneci	Elle a remporté la première note parfaite en gymnastique féminine (en 1976, à Montréal).
Donovan Bailey	Il détient le record du monde du 100 m.
Carlos Front	À 11 ans, il a été le plus jeune participant à des Jeux olympiques (en 1992, à Barcelone).
Hank Lammens	Il a été disqualifié de l'épreuve de voile pour avoir oublié son gilet de sauvetage (en 1992, à Barcelone).

Écrire un texte documentaire

7 Entourer le texte C.

8

SUJET : **Zinedine Zidane**

FICHE DE RECHERCHE

Sport : **soccer**

Date de naissance : **23 juin 1972**

Lieu de naissance : **Marseille**

Équipes : **équipe nationale de France, Real de Madrid**

Position : **milieu de terrain**

Numéros de chandail : **10** (équipe de France), **5** (Real de Madrid)

Situation familiale : **marié, trois enfants**

9  Le soccer

3 Leur objectif est de faire entrer le ballon dans le but adverse.

1 Le soccer est le sport le plus pratiqué au monde.

5 Ce dernier peut être intercepté par toutes les parties du corps, excepté les bras et les mains.

6 Au cours d'un match, les joueurs courent presque sans arrêt.

4 Les joueurs utilisent leurs pieds pour contrôler le ballon.

7 L'endurance est donc la première qualité d'un joueur de soccer.

2 Deux équipes de 11 joueurs s'affrontent.

10 Exemple de réponse :

Les Jeux olympiques modernes

En 1896, les premiers Jeux olympiques de l'ère moderne sont organisés à Athènes, en Grèce, par Pierre de Coubertin. Quatorze pays s'affrontent dans neuf disciplines : l'athlétisme, le cyclisme, l'escrime, la gymnastique, l'haltérophilie, la lutte, la natation, le tennis et le tir.

Le vainqueur reçoit une médaille d'argent et une branche d'olivier.

Les Jeux olympiques ont une devise : *citius, altius, fortius.* Le symbole des jeux, cinq anneaux entremêlés, représente l'union des cinq continents participants.

Aujourd'hui, tous les quatre ans, plus de deux cents pays participent à une trentaine de disciplines. Chaque épreuve est récompensée d'une médaille d'or, d'une médaille d'argent et d'une médaille de bronze.

11 Exemple de réponse :

SUJET : Sidney Crosby

FICHE DE RECHERCHE

Sport : hockey

Date de naissance : 7 août 1987

Lieu de naissance : Cole Harbour en Nouvelle-Écosse

Taille : 1,80 m

Équipes : Océanique de Rimouski, Penguins de Pittsburgh

Position : centre

Numéro de chandail : 87

Sidney Cosby

Sidney Crosby est une vedette montante du hockey. Pour la plupart des amateurs, il est un des meilleurs jeunes joueurs à faire son entrée dans la Ligue nationale depuis le grand Mario Lemieux. Né à Cole Harbour, en Nouvelle-Écosse, le 7 août 1987, Crosby a commencé à patiner à l'âge de trois ans. Sa véritable carrière débute à seize ans, lorsqu'il est repêché par l'Océanique de Rimouski, une équipe junior majeur du Québec. Deux ans plus tard, la Ligue nationale lui ouvre grand les portes, il est choisi par les Penguins de Pittsburgh, dont le propriétaire est Mario Lemieux. Joueur de centre, il porte le numéro 87.

2 La description

Vocabulaire

1 Un **hôte** : personne qui est invitée.
Une **paillasse** : lit en paille.
Une **armoire** : meuble de rangement.
La **fonte** : métal avec lequel on fabrique des poêles, des cloches, etc.
Un **duo** : morceau de musique pour deux voix ou deux instruments.
Un **âtre** : partie d'une cheminée où brûle le feu.
Une **poutre** : grosse pièce de bois ou de métal qui sert à soutenir un mur, une maison, un pont, etc.
Un **chaudron** : récipient muni de deux anses, utilisé pour faire cuire les aliments.
Exhaler : se répandre dans l'air.
Braiser : faire cuire à feu doux.

Enrichir les phrases

2 Enfin, Urashima distingua dans le lointain une **somptueuse** porte de corail ornée de perles et de pierres précieuses **scintillantes**. Derrière, se dressaient les toits **inclinés** et les pignons d'une **fastueuse** demeure de corail.

3 Exemple de réponse :

Au centre du wigwam, un feu **doux** couvait **sous des braises**. À la **faible** lueur de ce foyer, il distingua des plantes **qui séchaient, pendues à l'armature en noisetier**. Une douzaine de personnes dormaient **sur le sol recouvert de branches de pin**.

Alain Raimbault, *Herménégilde l'Acadien,* coll. « Plus », Montréal, Hurtubise HMH, 2003.

Éviter les répétitions

4 Cher Aglaé,

Depuis quelques jours, je suis en vacances avec ma mère dans un endroit super calme. Ma fenêtre donne sur un magnifique lac. En ce moment, une cane y promène ses canetons. **Ils** sont encore tout petits et **ils la** suivent à la file indienne. Maman **leur** envoie des miettes de pain par la fenêtre. **Elle** ne changera jamais. Quand **elle** voit des bébés, même des oisillons, **elle** trouve toujours le moyen de les nourrir.

5 a) Au milieu du lac, Justine aperçoit un héron **qui** a la tête dans l'eau.

b) Une grenouille verte attrape un maringouin **qui** passait par là.

c) À gauche, dérive une chaloupe ayant à son bord deux pêcheurs **qui** se sont endormis.

d) Tiens, je vois maman **qui** court après un papillon sur la plage.

e) Je ne vois rien avec ces jumelles **qui** ne sont pas ajustées.

f) Je ne peux plus supporter cet endroit **qui** m'ennuie royalement.

Remue-méninges

L N H O	Hélène a chaud.
L A V Q A O K	Elle a vécu à Oka.
L R S T O P I	Elle est restée au pays.
L N M T C D	Hélène aime tes CD.
L C N R V	Elle s'est énervée.
L A H T D D	Elle a acheté des dés.
G H T D D	J'ai acheté des dés.
G N R V L N	J'ai énervé Hélène.
A C C A C	Assez, c'est assez !
L N E A C O Q P	Hélène est assez occupée.
C O Q P	C'est occupé.

Faire une description

6 Entourer le texte B.

7 A. Sens de la description : **de bas en haut.**
B. Sens de la description : **de haut en bas.**
C. Sens de la description : **du devant vers l'arrière.**

8 3 De là, trois rues d'asphalte bordées de coquettes maisons de bois partaient en étoile vers les champs cultivés autour du village.

1 L'église était le cœur du village où est né mon arrière-grand-père.

5 Au-delà, s'étendait l'immense forêt de feuillus dans laquelle mon arrière-grand-père allait bûcher pendant tout l'hiver.

4 Peu à peu, les rues devenaient des rangs et les fermes se faisaient de plus en plus rares.

2 En face de l'église, autour d'une petite place, s'étaient installés le magasin général, l'école et la caisse populaire.

9 « Regarde, me dit mon arrière-grand-père, c'est une photo de mon dernier camp de bûcheron. Moi, je suis à l'**extrême gauche**. **Au centre**, les deux avec des grosses tuques sur la tête, ce sont les frères Lavertu, Dominique et Jacques. **À droite** de Jacques, celui qui tient une hache, c'est Jos Cabana. Jos s'occupait du cheval dont on voit juste la queue à l'**extrême droite**. **Derrière** Jos, adossé à la cabane, c'est Raymond Francœur, le cuisinier du camp. »

10 Exemple de réponse :

Cher grand-papa,

Je suis au centre de la rangée du bas. À côté de moi, il y a Aramis, l'assistant capitaine et Éloi, le capitaine de l'équipe. Au-dessus de nous, à l'extrême gauche, est assis Nicolas. À côté de lui, Jonas fait le V de la victoire et Léonard fait le clown. Sur la rangée du haut, Ambroise, à gauche, et Luigi, à droite, tiennent la banderole au-dessus des deux filles de l'équipe : Muguette, la blonde, et Clémence, celle qui porte des lunettes. Sylvain, notre entraîneur, se tient juste à côté d'Ambroise.

Ton petit-fils Benjamin qui t'aime beaucoup.

La bande dessinée

Vocabulaire

1 1 H – 2 I – 3 A – 4 C – 5 D – 6 J – 7 E – 8 F – 9 B – 10 G

Les quatre types de phrases

2 Exemples de réponses :
Phrase déclarative : Je me suis trompée de bouchon.
Phrase interrogative : Est-ce que tu dors ?
Phrase exclamative : Qu'il fait noir ici !
Phrase impérative : Décampe !

3
a) Comme il fait noir !
b) Je vais me coucher.
c) Où suis-je ?
d) Pousse-toi de là !

4
a) Est-ce que tu détestes les épinards ?
b) Est-ce qu'il aime les épinards ?
c) Est-ce que Carmen vient ?
d) Est-ce que Luc a mangé des épinards ?

5
a) Détestes-tu les épinards ?
b) Aime-t-il les épinards ?
c) Carmen vient-elle ?
d) Luc a-t-il mangé des épinards ?

6
a) Pourquoi manges-tu des épinards ?
b) Combien coûtent ces épinards ?
c) Où habite Carmen ? (ou bien : Où Carmen habite-t-elle ?)
d) Quand reviendra-t-il ?

7
a) ① et ③ Quand vient-elle ?
b) ① Pourquoi pleures-tu ?
c) ② D'où arrive-t-elle ?
d) ⑤ Où Jasmine est-elle allée ? (ou bien : Où est-ce que Jasmine est allée ?)
e) ① Comment faut-il faire ?
f) ④ et ① Pourquoi ris-tu ?
g) ⑥ Restes-tu ?

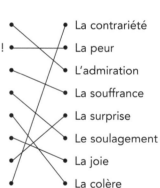

8 Exemples de réponse :
La contrariété : On ne voit rien !
La satisfaction : Je pense que je l'ai !

9

Comme il est courageux ! • • La contrariété

Il y a un monstre dans le placard ! • • La peur

J'ai mal aux pieds ! • • L'admiration

Enfin, j'ai terminé ! • • La souffrance

Espèce de malappris ! • • La surprise

Que je suis content ! • • Le soulagement

Oh! Regarde, une étoile filante ! • • La joie

Si j'avais su, j'aurais apporté un parapluie ! • • La colère

10
a) J'en ai vraiment assez !
b) Tu me casses les oreilles !
c) Décampe !

11
a) Comme il fait froid !
b) Que tu as un chapeau étrange !
c) Quelle drôle de tête il fait !
d) Comme elle a un beau chien !
e) Quels champions !

12
a) Ludovic, prête-moi ta règle.
b) Martin, rends-moi mon crayon.
c) Martin et Ludovic, arrêtez de bavarder !
d) Ludovic, laisse-moi regarder ta feuille.
e) Laisse-moi tranquille !
f) Martin, lève-toi et récite le verbe aller à l'impératif.

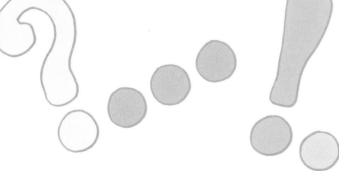

Remue-méninges

Avoir un **cœur** de pierre.

Couper les **cheveux** en quatre.

Mettre **les pieds** dans les plats.

Donner **sa langue** au chat.

Être dans ses petits **souliers**.

Une histoire à **dormir** debout.

Verser des larmes **de crocodile**.

Être **bavard** comme une pie.

Avoir une **cervelle** d'oiseau.

Être **têtu** comme une mule.

Être comme un **poisson** dans l'eau.

Écrire une bande dessinée

13

14

DEVINEZ !

15 Exemples de réponses :

Ma nouvelle planche

♨ Le texte narratif

Vocabulaire

1 a) victuailles f. pl.
b) adjectif adj.
c) sur-le-champ
d) calme (paisible)
e) au sens propre

Le texte narratif au passé

2 Hurlant de douleur, le géant **s'est levé**, **a dégagé** la roche qui **fermait** l'entrée et **s'est précipité** dehors en courant. Ulysse et ses compagnons en **ont profité** pour se sauver. Après une course folle, ils **ont enfin retrouvé** leur navire où les **attendaient** leurs compagnons.

3 a) Tous les jeudis, Pénélope **allait** rendre visite à Ulysse.
b) Soudain, le cyclope **est entré** dans la caverne.
c) Il **pleuvait** depuis des semaines.
d) Depuis le début, Ulysse **voulait** rencontrer le monstre.

4 a) Il **s'est mis** à courir pour rattraper l'autobus qui **roulait** à vive allure.
b) En entrant dans le salon, **j'ai vu** Sarah qui **boudait** dans son coin
c) Le gorille **s'est échappé** pendant que le gardien **regardait** ailleurs.
d) Il **a sorti** sa flûte pour accompagner les oiseaux qui **chantaient** dans les buissons.

Les mots de relation mais, ou, et, car

5 a) Ulysse refuse, **car** il veut rencontrer le maître des lieux.
b) Les marins voudraient s'enfuir, **mais** l'entrée de la grotte est bloquée.
c) La roche est énorme **et** Ulysse ne pourra jamais la soulever.
d) Les cyclopes sont des géants **et** ils ont un œil au milieu du front.
e) Les hommes voudraient dormir, **mais** le monstre ronfle trop fort.
f) Acceptez-vous ce modeste cadeau **ou** préférez-vous le refuser ?
g) Les marins tremblent de peur, **car** le cyclope arrive.

6 Exemples de réponses :
a) **Tous le craignent,** car il est plutôt cruel.
b) Les hommes s'ennuient de leur mère, car **ils ne l'ont pas vue depuis des années.**
c) Pénélope attendait Ulysse, mais **certains prétendaient qu'il ne reviendrait jamais.**
d) **Les marins cherchent la sortie,** mais la caverne est trop sombre.

e) Les hommes aperçoivent une grotte et **décident d'y entrer.**
f) **La pluie tombe** et le vent souffle.
g) Le cyclope mange de la chair fraîche ou **du fromage de brebis.**
h) **Le cyclope se promène dans la campagne** ou dort à l'ombre des oliviers.

7 Exemples de réponses :
Ulysse a très peur, **mais** il affronte courageusement le cyclope.
Le cyclope hurle, **car** il est fou de rage.
Les marins se sauvent **et** rejoignent le navire.
Ils voyageront pendant cinq **ou** six ans.

La virgule

8 Enlil, le roi des dieux de Mésopotamie, ne pouvait plus dormir : les hommes, en bas, sur Terre, faisaient vraiment trop de bruit ! À bout de patience, il décida de les exterminer. […]

Ea, un dieu sage et malin, avertit Outa-Naphistim, le plus raisonnable, le plus croyant des hommes. Il lui apparut en rêve et il lui dit :

— Un grand déluge va venir. Laisse ici tes richesses, construis un grand bateau à fond plat, colmate-le bien, puis embarque avec ta femme et les animaux que tu peux sauver.

Outa-Naphistim obéit à son rêve. Il démolit sa maison pour en faire un vaisseau, sous les moqueries des autres hommes. Un jour, le ciel devint plus noir qu'en pleine nuit. La pluie se mit à tomber, dure et sans fin, grossissant les eaux de la mer. Bientôt, tous moururent noyés, sauf les êtres embarqués sur le navire du sage. Après sept jours et sept nuits, la tempête se calma, et une terre ferme apparut.

Remue-méninges

Ce n'est pas la mer à boire.

C'est une goutte d'eau dans la mer.

Ne pas faire de vagues.

Se noyer dans un verre d'eau.

Écrire un texte narratif

9 Entourer le texte de gauche (*Cela se passe...*)

10 Cela se passe il y a bien longtemps. Sindbad fait route vers des terres inconnues à bord d'un navire marchand.

Au bout de quelques jours, une énorme tempête se déchaîne et le bateau dérive près d'une petite île. Le capitaine envoie Sindbad et deux de ses compagnons y faire provision d'eau.

À peine ont-ils mis pied à terre qu'un immense jet d'eau sort du sol et s'élève vers le ciel. Comme Sindbad se dirige vers cette étrange fontaine pour se désaltérer, la terre se met soudainement à bouger, puis un soubresaut très puissant les projette directement dans la mer.

Sindbad, ébahi, s'aperçoit alors que cette île est en fait une baleine endormie couverte d'herbe et de terre. L'animal, maintenant complètement réveillé, donne un grand coup de queue sur le navire qui sombre dans les flots avec tous ses occupants.

Heureusement, Sindbad réussit à s'accrocher à une planche de bois et il nage tant bien que mal jusqu'à la terre ferme qu'il aperçoit au loin.

11

[2] Soudain, un cri plein de colère retentit derrière elle : « Espèce de petit voyou ! Reviens ici tout de suite ! » C'est alors que Toby, le saint-bernard du capitaine, surgit en trombe de la salle à manger, un gros jambon dans la gueule. Le cuisinier du bord le suit en courant, un rouleau à pâte à la main.

[1] Par un beau matin du mois de juillet, Magdaléna fait une croisière sur le Saint-Laurent. Accoudée au bastingage, elle regarde distraitement vers le large.

[4] Enfin, un matelot lance une bouée de sauvetage et l'on hisse à bord le chien et l'enfant. On les enveloppe tous les deux d'une chaude couverture et ils terminent la journée serrés l'un contre l'autre.

[3] Bientôt, plusieurs personnes se joignent à la poursuite. Le chien, affolé, arrive près de Magdaléna. Cherchant une issue, il tourne sur lui-même comme un fou et heurte violemment la petite fille qui glisse et tombe à l'eau. Tout le monde s'immobilise, paniqué, mais Toby s'élance dans les flots, attrape Magdaléna et nage en maintenant sa tête hors de l'eau.

[5] Comme il s'est largement racheté en sauvant la petite fille, Toby n'a pas été puni. Le cuisinier a même accepté de lui donner un gros os, grâce aux supplications de Magdaléna.

12 Exemple de réponse :

Par une fin d'après-midi de juillet 1652, Miguel, le mousse préféré du capitaine, nettoie le pont de *La Licorne*, un vaisseau espagnol qui revient du nouveau monde, les cales remplies d'or. La mer est calme, une petite brise gonfle les voiles.

Peu à peu, le vent tombe et une épaisse brume enveloppe le navire. On ne voit déjà plus à dix mètres, un étrange silence règne parmi les membres de l'équipage. Soudain, un choc violent à bâbord ébranle le navire et un cri sauvage retentit : « À L'ABORDAGE ! »
Ce sont les pirates du féroce Barbe Noire qui envahissent le pont. Une terrible bataille s'engage. Bientôt, tous les marins de *La Licorne* sont faits prisonniers et le capitaine est enchaîné au grand mât.

Les pirates crient de joie, lancent leur chapeau en l'air, défoncent les tonneaux de rhum et trinquent à leur grande victoire. Ils boivent jusqu'au matin, puis ils s'écroulent endormis.

Mais Miguel a eu le temps de se cacher. Lorsqu'il voit que tous les pirates dorment comme des bûches, il se faufile sans bruit près du grand mât et délivre son capitaine. Tous deux, ils enchaînent les pirates et libèrent leurs camarades.

C'est au son des « Viva Miguel ! » poussés par l'équipage que Barbe Noire et sa bande se réveillent. Furieux de voir comment ils se sont fait prendre, ils hurlent comme des forcenés. On les enferme sans ménagement dans la cale où ils pourront contempler l'or qui a causé leur perte.

13 Exemple de réponse :

La mystérieuse grotte des géomètres

Un après-midi du mois de janvier, Pascale fait de la plongée sous-marine dans la mer limpide des Caraïbes.

Soudain, la jeune fille remarque une forme étrange à moitié enfouie dans le sable.

Elle s'approche, dégage le sable et découvre une vieille poignée de fer rouillée. Elle gratte un peu plus et une porte apparaît sur laquelle est gravée : « Nul n'entre ici s'il n'est géomètre. »

« Géomètre, géomètre et demi ! » se dit-elle en poussant sur la porte de toutes ses forces. La porte s'ouvre et l'eau s'engouffre dans l'ouverture en entraînant Pascale. Au bout de quelques minutes, elle se retrouve dans une immense grotte où la lumière pénètre grâce à une multitude de trous percés dans la voûte.

Des gens s'activent à la construction de machines bizarres. Un homme s'approche et, la menaçant d'un mousquet, lui dit d'un air belliqueux : « Vous n'êtes pas géomètre, vous ! Dehors ! »

Pascale, n'y comprenant rien, replonge et reprend le chemin inverse. Mais elle se promet bien de revenir avec du renfort pour percer ce mystère.

5 Le poème

Vocabulaire

1 — **quadrille** : danse de la fin du 18e siècle, exécutée par quatre couples de danseurs qui se font face en formant un carré.

rigaudon : danse rapide à deux temps, qui était très à la mode au 17e et au 18e siècle en Provence, une région de France.

cotillon : danse exécutée à la fin d'une soirée par six ou huit danseurs et danseuses qui font une chaîne en se tenant par la main.

gigue : danse vive d'origine anglaise ou irlandaise, que l'on dansait surtout à la campagne. Au son du violon, les danseurs frappent en alternance du talon et de la pointe du pied.

2 — rustique

Enrichir les phrases
Les comparaisons

3 — **La musique**
Lorsque tu joues de la musique,
Surtout quand elle est folklorique,
Do ré mi fa sol la si do,
Je suis comme **un poisson dans l'eau.**

Lorsque tu joues de ton archet,
Par un matin d'automne frisquet,
Les sanglots longs de ton violon
Me rendent docile comme **un mouton.**

Lorsque tu joues du tambourin,
Avec notre cousin Firmin,
Tra la la li tra la la lère,
Je suis enfin libre comme **l'air.**

Lorsque tu joues sur ta guitare.
Un air d'Amadeus Mozart,
Et que nous marchons dans la brume
Je me sens léger comme **une plume.**

4 — a) On entre dans cette maison comme dans un moulin. On y entre **facilement.**
b) Sosthène était haut comme trois pommes. Il était **petit.**
c) L'accusé a juré qu'il était blanc comme neige. Il a juré qu'il était **innocent.**
d) Rodrigue est malin comme un singe. Il est **intelligent.**

5 — **Comme les dix doigts de la main**
Raymond est sur le balcon,
sale comme **un cochon.**

Jean-Jules joue au funambule,
têtu comme **une mule.**

Pélage attend dans le garage,
sage comme **une image.**

Phaneuf a un béret neuf,
propre comme **un sou neuf.**

Confucius est assis en lotus,
riche comme **Crésus.**

Bob est caché dans le garde-robe,
pauvre comme **Job.**

Xavier est perdu dans ses papiers,
bête comme **ses pieds.**

Arnaud est perché sur l'escabeau,
sourd comme **un pot.**

Alice fait des caprices,
rouge comme **une écrevisse.**

Voilà Augustin Sanschagrin,
peureux comme **un lapin.**

Les mots de relation grace à, à cause de

6 — **Nous tous**
Grâce à moi, l'entrée est déblayée
À cause de toi, le plancher est mouillé
Grâce à lui, le fromage est râpé
À cause d'elles, le chauffage est coupé
À cause d'elle, le gâteau est brûlé
À cause d'eux, le gruau est salé
Grâce à nous, le salon est rangé
Grâce à vous, Odilon a congé

J'ai trouvé mon bol **grâce à** ma boussole
Tu as manqué ton vol **à cause d'**une luciole
Il apprend l'espagnol **grâce à** Nicole
Elle est devenue folle **à cause des** bénévoles
Vous trouverez l'école **grâce à** une banderole
Nous avons la rougeole **à cause d'**une bestiole
Ils ont gagné le pactole **grâce au** tournesol
Elles fuient la métropole **à cause d'**une bricole

A.

Note de musique	S	I				
Terre	S	O	L			
Unique	S	E	U	L		
Eau du ciel	P	L	U	I	E	
Astre	S	O	L	E	I	L
Fleur	T	U	L	I	P	E
Musicien	S	O	L	I	S	T E

B. IL PLEURE DANS MON COEUR
COMME IL PLEUT SUR LA VILLE

 Exemple de réponse :

Pour nourrir ma planète

J'ai mis dans ma gibecière	(1er vers – *J'ai mis…*)
Un morceau d'univers,	(2e vers – *J'ai trouvé dans ma poche*)
À travers jour et nuit	(9e vers – *L'oiseau du tour du monde*)
Un peu d'eau et de pain,	(7e vers – *Complot d'enfants*)
Quelques poux et du grain,	(6e vers – *J'ai trouvé dans ma poche*)
Pour nourrir ce matin	(7e vers – *J'ai trouvé dans ma poche*)
Ma planète en chagrin.	(8e vers – *J'ai trouvé dans ma poche*)
L'œil fatigué de voir et le corps engourdi,	(4e vers – *Le Relais*)
J'ai chaussé mes gros souliers,	(9e – *J'ai mis…*)
Et la route et le bruit sont bien vite oubliés !	(8e vers – *Le Relais*)

Écrire un poème

À la manière de…

 Exemple de réponse :

Le moineau et le canard

Maître **moineau**, sur un **balcon** perché,
Tenait en son **sac** un **petit-four**.
Maître **canard**, par l'odeur alléché,
Lui tint à peu près ce **discours** :
« Hé ! Bonjour, monsieur du **moineau**.
Que vous êtes **charmant** ! Que vous me semblez **gros** !
Sans mentir, si votre **humour**
Se rapporte à votre **contour**,
Vous êtes le **calife** des hôtes de ces **rois**. »
À ces mots le **moineau** ne se sent pas de joie ;
Et pour montrer **qu'il est courtois**,
Il ouvre **son bagage** et laisse tomber **son poids**.
Le **canard** s'en saisit, et dit : « Mon bon monsieur,
Apprenez que tout flatteur
Vit aux dépens de celui qui l'écoute :
Cette leçon vaut bien un **petit-four**, sans doute. »
Le **moineau**, honteux et confus,
Jura, mais un peu tard, qu'on ne l'y prendrait plus.